LYRIKEDITION 2000

begründet von Heinz Ludwig Arnold †

Reimfrei

»elf nach elf«

Lesung der Münchner Autorengruppe
am 15. Juni 2015 im Lyrik Kabinett, München

Moderation:
Pia-Elisabeth Leuschner, Lyrik Kabinett

AutorInnen von Reimfrei:
Ann-Kathrin Ast
Markus Breidenich
Jürgen Bulla
Karin Fellner
Andrea Heuser
Augusta Laar
Sabina Lorenz
Frank Schmitter
Armin Steigenberger
Christel Steigenberger
Ruth Wiebusch

LYRIK
EDITION
2000

Weitere Informationen über den Verlag und sein Programm unter:
www.allitera.de

Weitere Informationen über die Lyrikedition 2000 unter:
www.lyrikedition-2000.de

Juni 2016
Allitera Verlag
Ein Verlag der Buch&media GmbH, München

Cover: Kosmisches Schachspiel – Cœur, Bild von Augusta Laar
Printed in Germany
ISBN 978-3-86906-900-5

Christel Steigenberger

ICH BESITZE EIN BUCH mit allen regeln / alles was jemals galt oder gilt // auch alle zukünftigen regeln / die erst noch gelten werden / sind darin vermerkt // das buch besitzt ein schloss mit genau einem schlüssel / den werfe ich morgens und abends und mittags noch weg

Wegwerfen die Schlüssel aller hermeneutischen Regeln – morgens und mittags und vor allem für diesen Abend ... Zu ihm heiße ich Sie willkommen, meine Damen und Herren!

Elf
nach elf
zwanglos reimfrei geschafft
jeder eine eigene Stimme
Kraft

Ja, ein Elfchen – bitte sehen Sie mir den Gedichtform-Kalauer nach: Er war einfach zu verführerisch! Aber die XI. Karte im Archetypenkreis des Tarot ist tatsächlich die Kraft – heute Abend diejenige der elf Stimmen der Dichtergruppe Reimfrei.

Alles begann hier im Münchner Lyrik Kabinett: Bei einer unserer Autorenwerkstätten vor elf Jahren fanden drei Dichterinnen und ein Dichter zusammen, die ihren unakademischen, vor allem auf kreative Anregung zielenden Textaustausch privat fortzusetzen beschlossen – in einem dann zunehmend erweiterten Kreis. »Gulasch & Gedichte« sollten die ersten Treffen überschrieben sein, um das Handfeste und Kulinarische ihrer Intention zu kennzeichnen. Der spätere Name ›Reimfrei‹ war einer Sendungsreihe auf Radio Lora entlehnt, die damals Frank Schmitter verantwortete, und durfte zu keiner Zeit programmatisch-wörtlich genommen werden (etliche Mitglieder verwenden durchaus – vor allem – Binnenreime). ›Reimfrei‹ meint vielmehr auf abstrakterer Ebene eine Absage an die ›geschlossene Form‹ der Gruppe oder eines ästhetischen Credos – und stattdessen ein vergnügt-gelassenes Bekenntnis zum Ungereimten, als dem, was sich eindimensionaler Sinnzuschreibung entzieht – und zur Heterogenität als durchaus nicht keimfreiem Humus einer Einhelligkeit ohne Gleichrichtung. Der Gruppencharakter selbst war also nie Teil des ästhetischen Anliegens (wie etwa bei dem jüngen Kollektiv der Berliner G13) und keine Positionsmarkierung in der lyrischen Landschaft, sondern blieb spielerisches Gelegenheitsexperiment. Vor allem bildete das Kollektiv ein unterirdisches Echohöhlensystem wechselseitigen Kommentierens, während die Mitglieder in der Öffentlichkeit meistens einzeln auftreten: jeder/jede die eigene Stimme verantwortend. Ungereimt metaphorischer gesagt (und damit mein Elfchen nachbessernd, das unter anderem den Fehler hatte, gereimt zu sein):

Nach elf Jahren

steigen Berge,
breiten sich Felder, bullern Häuser,
Ast wie Busch flitternd verloren
Klarst eigen: Berge

Nach elf Jahren:
Steigenberger
Breidenich Fellner Bulla Heuser,
Ast Wiebusch Schmitter Lorenz
Laar Steigenberger

So erleben Sie heute, was bislang überhaupt nur zwei Mal in München sichtbar war: Alle elf hier an- und zusammengerückten Berge als stadteigenes Alpenpanorama. Denn München darf oder sollte durchaus wieder staunen lernen, welchen Wert und lyrischen Standortfaktor es mit den Reimfreien besitzt, den es sich nur leider angewöhnt hat, für allzu selbstverständlich zu nehmen.

Der Abend wird in sechs Ansichten jenes Panoramas oder Konstellationen gegliedert sein – und für jede Stimme werde ich an einer Stelle ein paar Verständnis-Steigeisen bieten. Ich (Pia-Elisabeth Leuschner) werde dabei bewusst polarisieren und Superlative einsetzen, um die einzelnen Massive und Zinnen möglichst klar voneinander zu unterscheiden.

Alles beginnt, wie könnte es anders sein, mit dem zentralen Erkenntnis-Sündenfall, an dem sich die Lyrik vor allem seit der Moderne abarbeitet: dem Dualismus von Realität und Denken bzw. Sprache.

Armin Steigenberger

ÄPFEL UND WAHRHEIT

am anfang waren die äpfel, ach ja
und die gottverdammten neben
bedeutungen dieser äpfel.
sprechen wir über äpfel,
lediglich über sie, wie sie süß und
beispielsweise dunkelrot von italienischen
obstbäumen fallen.

Jürgen Bulla

Stillleben, Eppan

Garten von Eppan, Cara
unter dem Apfelbaum auf
einer Liege im schwarzen
Bikini, als sich ein schwer
behangener Ast sehr tief
über die Schlafende beugt,
und es findet die Zustimmung
des Betrachters, dass der
unterste Apfel ihre Lippen
nur fast berührt, während
der Tropfen Tau auf der
Sonnenbrille einen Moment
lang irritiert, hier in der
Mittagshitze von Eppan.

Jürgen Bulla

Ligurisches Porträt

Ich sehe noch Tellaro, Cara, du in roter
Bluse durch das hängende Dorf über
Steinstufen an ein Geländer mit freier
Sicht auf die treppenartig abgestuften
bunten Fassaden hinab zur Bucht der
Dichter, unter dir die glattgestrichene
See hinüber zu den ersten Hügeln des
Apennin, und über deinem schwarzen
Haar die dünne Wolkendecke, rötlich
ausgeleuchtet von der Abendsonne,
die Geduld hat wie das Meer und sich
allmählich in ihm spiegelt, während du
in die Linse der Kamera blickst, mit
einer Art freudigen Ahnung, dass mein
Bild gelingen wird, dass die Berge,
das Dorf und das Meer ohne dich
in Zukunft unvorstellbar sind.

Porträt und Fotografie sind nicht zufällig zentrale Chiffren bei **Jürgen Bulla**, dem visuellsten Dichter der Gruppe. Seine Texte sind Momentaufnahmen von anschaulichster Detailpräzision. Freilich wirkt gerade diese nahezu hyperrealistische Plastizität wie ein Tautropfen auf der Sonnenbrille: als prismatische Irritation, die uns über das Gesehene hinaustreibt – ins Schillern von Empfindungen, die aus und über der Phänomenologie entstehen. Augenlandschaften als Ermöglichungsräume für die Eigentätigkeit des Lesers und für Gefühls-Erkundungen mit und ohne Cara oder Caro – als dem geliebten Menschen …

In jenem Bild bleibend: Was denkt, geblendet vom Gegenlicht, vielleicht die Fotografierte?

Ruth Wiebusch

KÖNNTE DIE AUGEN ICH ÖFFNEN
könnte ich sehen
der raum ist leer

könnte die augen noch einmal ich öffnen
könnte ich sehen
es gibt keinen raum

könnte die augen ich schließen
könnte ich sehen
alles ist schon

könnte ich ohne augen

Ann-Kathrin Ast

מַלְאָךְ

vor dem fixieren bevor
      bilder auf die netzhaut

treffen zu schnell das fort
bewegen zu widerstands

körper zu willen
los oder *zu losig*

um sie in bildern zu fassen da
flögen sie über den rahmen

das fort und hinaus über
hin und verwischen
da dass

מַלְאָךְ [mal'ach] = (hebr.) Engel, Bote

Was bringt er, jener *mal'ach* – (hebräisch) jener ›Bote‹? Einen blitzflüchtigen Eindruck, der das Ich übermächtigt, noch ehe es ihn als Bild auf der Netzhaut arretieren kann …

Ann-Kathrin Ast kann als die Physiologin der Gruppe bezeichnet werden. Ihr poetischer Sensualismus findet sein triftigstes Medium in Musik – deren Schwingungen uns bekanntlich bis ins Innerste dringen. (Irrelevant hier das biografische Detail, dass Ast auch eine exzellente Cello-Spielerin ist …) Ihren Gedichten erlaubt eine achtsamst komponierte Metaphernmusik ein Innewerden der Welt gerade unter Umgehung jener Sphäre von Bild und Sicht, die im Abendland seit der griechischen Antike mit dem rationalen Erkennen assoziiert ist. Dafür gibt sich die lyrische Empfänglichkeit dem Wirklichen willig-willenlos hin, lässt sich von ihm fassen, treiben, liebkosen und gestalten – wie »la mer« bei Debussy vom Wind: bis Spüren und Sprechen, Leib und Welt sich ein-stimmigen und aus einem strudelnden Tausch aller Sinne und Identitäten ihr übergeschlechtliches Wir schaumgebären …

Unmittelbar nach diesem orgiastischen Impressionismus eröffnet sich Ihnen dann der diametral entgegengesetzte Welt-Zugang: kristallin funkelnde Konturenklarheit des Denkens.

Ann-Kathrin Ast

DIALOGUE DU VENT ET DE LA MER

treibe mich fass mich
atme
in mir dir
unsichtbarem
will gestalt ich sein

meer *la mer*
furche
mich nicht
als eins fressen wir
schlamm flutpressen wir

zause mein wellen
      haar atme
mich aus
meerwind windmeer wir sind

ein zuckender körper pulsschäume
            stechender kronriss
      peitsch flutfressende
lust

(zu Claude Debussys »*la mer*« für Orchester, 3. Satz)

Ruth Wiebusch

VON DEN SCHIFFEN AM HORIZONT

gedanken finden in köpfen statt
als seien die köpfe keine welt

was wir denken
hat eine gestalt und hält
die erde für eine scheibe

an deren rand der gedanke
hinunterfällt

Christel Steigenberger

MANCHMAL MÖCHTE MAN AUF EINEM BERG STEHEN
und hinunter kotzen ins tal
dabei zusehen
wie die flut anschwillt
die reinigende säure
stößt dir bitter auf

Aber warum sollte man, auf einem Berg stehend, vielleicht mit einer atemberaubenden Aussicht, erbrechen wollen?

Die Gedichte der Gruppe geben hierauf vor allem zwei Antworten: Übel werden kann uns von unserer Zivilisation – wegen der Last und Schuld ihrer Geschichte oder wegen ihrer unentrinnbaren entfremdenden Medialität.

Doch bevor wir uns dem zuwenden, gehen wir noch einmal zurück zur Grundfrage nach der dichterischen Inspiration: Woraus entsteht sie? Auf abstraktester Ebene: aus raumzeitlichen Gegebenheiten.

Ruth Wiebusch

HOCHZEIT

der raum, dachte ich, ist nur die schleppe des körpers.
entbunden am ende wird der schleier gelöst:
braut, der das haar entfliegt,
welle, teilchen, licht.

wie er sie über die schwelle trägt,
sieht man nicht

Ruth Wiebusch ist die spekulative Philosophin der Gruppe. Ihre Gedichte reflektieren immer wieder über die Bedingungen unseres Denkens und Wahrnehmens, vorhin etwa in der *via negationis* über ein Sehen ohne Augen. Ihre Gedichte führen Denkkategorien mit Bildern eng: der Raum als Schleppe des Körpers. Wenn das Hochzeitsbild dann weitergesponnen wird zur Braut, die er – wer? der Körper? der Raum? – als Licht über die Schwelle trägt, musste zumindest ich auch an jene ›sie‹ denken, die dem Raum laut der Relativitätstheorie zum Zeit-Raum-Konnubium – Verzeihung: -Kontinuum verbunden ist.

Gesetzt, der Raum trüge die Zeit – oder ein Körper das Licht als seine Schleppe – über seine Schwelle ... Wie wenig Sie das auch logisch denken können: Es kann unter anderem eine Chiffre des Urknalls sein ...

Augusta Laar

Solo Promenade

(an das brautkleid, das vom 15. stock auf die straße fiel)

am anfang die

wolkenseligkeit das lichtgefitzel
hermetische wolkendefilees & tirili
im pailletten falsett pastellige wundertüte
tändelt organza pirouetten string jubilee *(zielgruppe: das ohr)*
ephebisches blütenskelett nach höheren höchsten nach tönen
rückwärts gekippt aber

schwindelfrei & schneller geflüstert im soundstream
halbzarte *(halbe/halbe)* harmonium passagen
alabaster frequenz im Lady Gaga vorprogramm
divertissimo kleine schummrige hochzeitsmelodie
éloge de l'amour

offlimits zur tanksäule nachts in brautspitze onestep
frisch wie pferdeglück lachen wie dreck aus der tube &

picknick im fallout oder solo promenade
ausgabe flugschrift Funkenmariechen kingsize
lutschen wir luftblasen im dunkeln *(sage ich)*
ensuite mein wolkendisplay glitzert in der pfütze

Karin Fellner

Einer Einheit Schau entspricht dreiviertel Raunen

Abermals Dunkelfenster, eine Tafel voller
Molekularstrukturen und wandernder Galaxien.

Heureka, die scheuen, die seltenen Dickkopffalter,
wie sie beim Schwenk der Augen zurück ins Abstruse flattern.

So wankt der verbogene Kopf auf den verbogenen Händen,
Schwergewicht, Phantom, wie viele Faden tief.

Von unten da ziehts, da zieht die Erdmasse an einem Garn,
pendelt das Denken aus über physischen Karten.

Was sagt uns das, Madame?
Lässt er sich, meinen Sie, lösen, dieser Dreisatz der Nacht?

Die Welt als synästhetisch gischtendes Raunen – Zielgruppe: das Ohr – – wie löst Dichtung diesen Dreisatz aus Realität, Sprache und dem X der Inspiration – zu einer Einheit Schau?

Karin Fellners Gedichte widersetzen sich dem doppelten ›Despotismus‹ des Realen wie der vernutzten Sprache, indem sie sorgfältigst ausgewählte Elemente aus beiden Sphären zu exothermen Spannungsgefügen zusammenkomponieren: in dem Folgenden etwa aus Biologie, Kristallographie, Alltag, Kunst, Technik und vor allem Physik (bspw. die Turbine oder die Einheit für die magnetische Flussdichte, die auf den Physiker Nicola Tesla zurückgehen). So schafft Fellner – kraft und zugleich jenseits der einzelnen Wortbedeutungen – vor allem eine Dynamik, die den Rezipienten galvanisiert und ihm Ursituationen des Menschlichen vergegenwärtigt – Angst, Euphorie, Wut oder eben Inspiration –, ohne sie je direkt zu bezeichnen. Wenn Sie diesem Magnet-Sog einmal erlegen sind, können Sie bspw. nie mehr ein Gewitter erleben, ohne Dichtung als sprachliche Paraelektrifizierung zu denken.

Fellners Gedichte gehen über in einen Zyklus von **Andrea Heuser**. Das »Kininyanka« darin verweist auf einen Ritualgesang der Lakota-Sioux. Sie lebten bis ins 19. Jahrhundert von der Büffeljagd, wurden aber dann in Reservaten ghettoisiert, wo sie Hunger und Krankheiten dezimierten. Dort entstand auch die sogenannte Geistertanz-Bewegung. Im Kern jener Trancetänze stand der Traum, die Büffel kämen zurück, das Zerstörungswerk der weißen Zivilisatoren verschwände und die Erde werde sich in ein Paradies verwandeln. Diese letztlich friedvolle Utopie wurde von der weißen Militärobrigkeit als Symptom kriegerischer Auflehnung missdeutet – und das führte unter anderem zum Massaker bei Wounded Knee, das Dee Brown als den Gipfel eines Genozids an den Indianern begreift. Heuser fühlt sich atemverhaltend-behutsam in die Opfer ein – ihre Hoffnungen, ihr ganzheitliches naturbezogenes Weltverständnis – und verwandelt sie in ein an unsere Monadenfenster pickendes Memento an die Zivilisation.

Mit den vielen Zitaten – unter anderem aus einer Kritik an der offiziellen amerikanischen Geschichtsschreibung – und mit der Bitte um Fruchtbarkeit kann dieser Zyklus AUCH als eine weibliche Re-Ecriture von T. S. Eliots *Waste Land* gelesen werden, die in all ihrer Tragik eine Utopie der Heilung aufscheinen lässt.

Zunächst also Karin Fellner …

Karin Fellner

Lichtenberg-Figuren

Durchschnüren, -stürzen, in Bahnen, Leitbündeln, entstacheln
wessen Grenzen, Gesetze, wessen dendritisches Wachsen?
Lichtwechsel ohne Licht, Brennhaar aus Nacht und Morgen

Stieben durch Hüllen gleichwie die Wasserspinne inmitten
entflammbarer Ufer, kopfüber Voluten, Tapeten, Büro-
kästen durchdringen und senden, Barfüße senden durch

Symbole, Systeme, durch starrende Farne und wendig
schüren die Denkmaschine, ins Staunen stürzen und fast
im Verschwinden, begriffen: ein Blind-, ein Blitzgebüsch.

Karin Fellner

Oberhalb der Curie-Temperatur

Blitzableiter im Haar
gehst du also da
Werst um Werst übers Feld
auf deiner Parallele
durch den Elmswald. Mit
jedem Tritt zieht das Land
sich vor dir aus, violett.

Die Spulen am Horizont
brummen bis in dein Mark.
Rings knistern Gräser im
Teslawind, stetig wiegt
die gebündelte Ladung
auf deinen Schultern. Dort

womöglich die Schaltzentrale.
Womöglich schiebt gerade
jemand den Regler hoch. Wie
deine Linie schwände,
du innehieltest zur Wende,
um querfeldein zu gehn.

Karin Fellner

Drei Gesichter

Züchte heran die Wüsten, die Klärung, Candida,
mit Grasringen unter den Augen,
die erste Lage von Weiß. Hier entsteht das Geringste.

Erinnerst das Gewühl, fernes Aufbergen der Organe,
kontinental, und ausgeworfene Fische?

Ziehe ab: das Poltern der Archipele, Frost und Altweltaffen.
Drüben Koniferen, aufgelassene Straßen. Zweite Lage vielleicht,
wo sich Namen anlagern, Patina Dolorosa, Sancta Morgana et al.

Universalanschlüsse biegen, safranartig, aus dir ab und bilden
schwingende Meter, Meter.
Ohne Entstehung entstanden, ein Weiß in den ausgedehnten –

Wirst ins Nordlicht gestreckt?
Oh weit darüber hinaus!
Lache dich, lache dich.

Karin Fellner

Drei Gesichter

Züchte heran die Wüsten, die
Klärung, Candida,

mit Grasringen unter den Augen,

die erste Lage von Weiß.

Hier entsteht das Geringste.

Erinnerst das Gewühl, fernes
Aufbergen der Organe,
kontinental, und ausgeworfene
Fische?

Ziehe ab: das Poltern der
Archipele, Frost und Altweltaffen.

Andrea Heuser

Belagern

Im Blickdickicht der Klassen-
zimmerfenster

einmal nur: Mund sein
»Sturm!« rufen

Dann, leiser: »Sturm
Ist unsere Art zu sehen.«

Brave new world, so weiß

Lies my teacher told me. Winter
Winter kommt: Kamikaze-Flug
der Blätter, Beschwörungen
Lösen, sich lösen wollen

Ehe Kininyanka ukiye
They come to tell news
They come to tell news ...

Drüben Koniferen, aufgelassene
Straßen.

Tatspuren, eingewohnt im
Gegenlicht

Zweite Lage vielleicht,
wo sich Namen anlagern, Patina
Dolorosa, Sancta Morgana et al.

Wo war es, dass …?

Universalanschlüsse biegen,
safranartig, aus dir ab

Die Vorhänge schließen

und bilden schwingende
Meter, Meter.

Und doch ist da jemand
Der ans Fensterblech pickt …
Die Vorhänge schließen

Ohne Entstehung entstanden,
ein Weiß in den ausgedehnten –

Er pickt jedes kleinste Bröckchen
Kitt auf
das die Scheibe noch hielt …
Schließen, die Vorhänge
schließen

Wirst ins Nordlicht gestreckt?
Oh weit darüber hinaus!
Lache dich, lache dich.

Lies, lies!

Andrea Heuser

Belagern

Im Blickdickicht des Klassenzimmers
einmal nur: Schneise, Mund sein
»Sturm!« rufen
Dann, leiser: »Sturm
ist unsere Art zu sehen.«

Brave new world, so weiß
Lies my teacher told me
Winter. Winter kommt
Kamikaze-Flug der Blätter, Beschwörungen
Lösen, sich lösen wollen

Ehe kininyanka ukiye
They come to tell news
They come to tell news ...

Tatspuren, eingewohnt im Gegenlicht
Wo war es, dass ...?

Die Fenster schließen

Und doch ist da jemand
Der ans Fensterblech pickt
Er pickt jedes kleinste Bröckchen Kitt auf
das die Scheibe noch hielt ...

Schließen, die Fenster schließen

Lies, lies!

Andrea Heuser

Lauschen

DIE: Der ›Big Blue River‹
war zunächst unsere natürliche Grenze
Doch war dies kein Hindernis, das harte Arbeit
das Tagwerk vieler Hände
Steine und Bäume versetzend
nicht zu überwinden vermochte

WIR: Das Leben ist ein langer Regenfall

Wenn Regen kommt
eines fallenden Tages
Wenn er kommt
wie das überfällige Ende
jener gefräßigen Geschichte: Land! Land!
Macht er etwa den Boden wieder weich?
Fügt er zusammen, was
Blue. Blue evening falls …
brach, bricht
… near by, in every direction.
It sets the corn tassels trembling …

FLUSS: Riechen, nach Verbotenem riechen
Schnuppern nach Spuren von etwas, das –
Kiesel, Gekieseltes greifen, fingern an Rundungen
rutschen von der glitschigen Böschung
Kaltes, Metallenes, Nasses umschließen, umschlossen werden
Himmelwärts halsen das Blau, das sich verströmend, durchströmt
Trunken trudeln, so tief wie möglich verschwinden
im Murmeln, im Glucksenden …

River, Sprache, in dessen Versickerung
noch ein Herz sitzt
Dies unbewegliche Tier, das verstummt und
instinktiv versteinernd sich
Das dasitzt in seinem wasserdichten Anzug aus Haut
Froschhaut, die Wasser
Tränen speichert

»bin«
»bin«

Herz, Wasserspeicherfrosch

»bin«

tief in der Erde verborgen
warte

wenn Regen
wenn er kommt

lauschen
lausche

Andrea Heuser

Reinigen

Wir waschen unsere Münder mit Seife aus, dass sie rein werden
Auch unseren Plural waschen wir aus
Den Widerstand unserer Wörter
Waschen – *sorrow* – sie weg, die Zungen unserer Mütter
Unsere Namen, bitterer Schaum

Hunku okile cha he u huwo – Kommt einer, der seine Mutter sucht

Wo sind sie, die nicht ertranken?
Feuerwasser, Fördergeld-Folklore
Sterilisation, sie sagen, sei Gnade
Ärzte ersparen gern Kummer
Doch Trauer dehnt unsere Rippenbögen

Heute, hier
Wir sind ruhig, sind schwanger
Wir sitzen im ›Starbucks‹ bei schwarzem Kaffee
Mit dem ungeborenen Schmerz der anderen
Wir wagen es nicht zu weinen

Andrea Heuser

Heimsuchung

In den Metropolen, kein Netzempfang
Warten auf Fehlermeldung
Versichern sich. Gebrauchsanweisungen
Back-ups, Gott

Dies ist ein guter Tag zu sterben

Das Beben der Wände
Nicht sehen
»Der Vogel, er flieht und flieht«
»Er kommt an Dein Fenster«
»Er schlägt seinen Trommelwirbel«
Welt – Wohin, wohin?

Wir überprüfen die Alarmanlagen, Waffen
Wir überprüfen den Wohlstand, fremdes
Gedächtnis –

Wo war es, dass …?

Wir haben uns geschaffen nach unserem Bilde
Wir schließen die Vorhänge
Wir bleiben wir

»Dies ist ein guter Tag zu sterben«, so hatte Häuptling Crazy Horse die Seinen in der Schlacht am Little Big Horn ermutigt. Das könnten die weißen Zivilisatoren nicht von sich sagen, wenn sie von den Ritualen ihrer eigenen Todeserfahrungen heimgesucht werden ...

Mit diesen psychischen Traumata ist insbesondere **Christel Steigenberger** vertraut. Sie lässt uns hören, wie Angst uns entsubjektivieren kann, indem ihr folgendes Gedicht von unpersönlichen Formulierungen ausgeht und die solcherart objektiv-autonom werdende Angst erst am Ende auf das Ich bezieht. Später hören Sie von Christel Steigenberger ein Gedicht zu dem Medikament Ramipril, einem Mittel gegen Herzinsuffizienz (und zwar hier im körperlichen wie im metaphorischen Sinn): Darin tastet das Ich entlang des lautpoetisch evozierten Herzschlags durch ein Halbschlafgewirr von sozialen Phrasen, wehrlos seiner eigenen seelischen und körperlichen Fragilität ausgesetzt, bis uns dieses Psychogramm aus Panik und intimer morgendlicher Zweisamkeit in der eigenen Kehle pocht.

Denn was uns tatsächlich am ehesten aus Angstzuständen herausführen kann, sind eben entweder Eindrücke von außen – ein Geruch, ein Uns-Erinnern an die Pflanzenwelt – oder ein anderer Mensch.

Christel Steigenberger

RITUALE – ANFANG

beim überschreiten der schwelle
an den tod denken
erschrecken dass man
beim überschreiten der schwelle
an den tod gedacht hat
einen schritt zurück tun aus angst vor dem tod
vor der schwelle stehen
die schwelle erneut überschreiten wollen
sich fest vornehmen nicht mehr
an den tod zu denken
beim überschreiten der schwelle
beim erneuten überschreiten der schwelle
daran denken dass man nicht
an den tod denken will
an den tod denken

erneut erschrecken
über diesen gedanken
wieder einen schritt zurück tun
das haus betreten
wollen
müssen

nach dem zehnten vergeblichen versuch
die schwelle zu überschreiten
ohne an den tod zu denken
erproben ob es rückwärts möglich ist
erneut scheitern

seit tagen schleiche ich mit geschlossenen
augen im krebsgang durchs haus

Ruth Wiebusch

GRASGERUCH IM TREPPENHAUS

durchs fenster mäht der alte
nachbar den rasen von oben

ein insekt das sich sehr ziel
gerichtet über die augen

blicke dem lattenzaun nähert
bahn für bahn dem abend

Armin Steigenberger

GLYZINIEN

trauben und lieder von tauben und trauben
die violett hängen und lieder von violetten
tauben und lieder von trauben und tauben
die grau im pflasterwald schlafen im grün und
lieder von tauben und trauben im wald

Ruth Wiebusch

GÄRTNER SEIN

dahlien pflanzen & rosen
die apfelbäume schneiden
rhododendren mulchen
spritzen düngen säen wässern
mit der hand an der buchsbaumhecke entlang

stehen bleiben
über den garten sehen
die bepflanzungen die kübel
kühl werden und ruhig
wissen dass sie nichts von einem wollen

Frank Schmitter

WAS ICH MAG SIND DIESE
abende an denen wir in der küche stehen messer in den händen
und unsere arbeitstage zerlegen das geschnatter der kollegen
das mismanagement by mail und der hochmut der etagen darüber
vor dir auf dem tisch die grünen bohnen
eine infanterie strammer männer
denen du kopf und füße abbrichst und im biomüll beerdigst
aber ich ich lebe noch und schenke wein nach
ein zweites drittes mal lasse unsere hüften aneinander stoßen
wie es in keinem rezeptbuch steht
salze das fleisch schmecke deine lippen ab
deinen hals und bauch und das flugzeuggebläse der umluft
trägt uns zwei türen weiter da bin ich kopflos und stramm
und liebe dir zu füßen

Ann-Kathrin Ast

DER MUND IST EINE INSEL GROSS NOCH GRAUER
nur ein streif blaurosa wie das lippenlose
wolkenkind fast mund das kind das mit
dem gräsernen wasser spielt umspült
dort wo die insel sich verschließt
                                        dort wo
                                  das wasser sie
                              an ihre lippe nimmt

(zu Edvard Munch: *Sommernacht am Oslofjord*, Öl auf Leinwand, um 1900)

Markus Breidenich

Sag zu den Endlosblättern Du. Du
wirst ein langes Leben haben.
Lange schreibe ich. Bis in den Wind.

So lebt man fort und fort und über beide Ohren.

Im Wasserzeichen Tau. Noch mehr als
hundert Wörter sagen Binsen. Du. Was
weiß man von der Außenhaut der Wolken?

Im Inneren zieht jeder vor sich hin.

Christel Steigenberger

5 mg ramipril am morgen

ba-dumm ba-dumm ba-dumm
das sind keine rhythmusstörungen aber
die dosis sollte erhöht werden
ganz ohne wird es nicht gehen
ich lausche deinem herzschlag
ba-da-dumm ba-da-dumm ba-da-dumm
den unreinen stunden des morgens
wenn der wecker klingelt auch heute
am sonntag zähne putzen und duschen
keine weiteren verschreibungspflichtigen medikamente
nur die mundusche die mundusche zum ewigen glück
ba-dumm
sie dürfen ihre frau jetzt küssen
sie dürfen alle jahre wieder in ein restaurant gehen
und sich rosen schenken zum jubiläum
einen ganzen strauß rosen sauber gerendert
die 78 beats per minute
eine einfache bewegung die sich fortwährend wiederholt
don't touch a running heart
don't update your life
verlorengegangene datenpakete können nicht wiederhergestellt werden
nach dreizehn jahren ehe dürfen sie händchen halten im bus
ba-dumm
auf dem weg in die arbeit
ba-dumm
ACE-hemmer zitieren und sich freuen
dass es keine psychopharmaka sind
ba-da-dumm
die sauerstoffsättigung des blutes sinkt ab
sie küssen ihren alltag unverändert
ba-da-dumm ba-da-dumm ba-da-dumm

auch küssen ist eine form von stressreduktion
einen herzschlag lang gemeinsam schweigen
eine einfache wiederholte bewegung
und schlag mir mein herz noch nicht zu

Frank Schmitter

SECHS UHR TEE

neben dem papier
den gelähmten stift in der hand
die karawane aus worten setzt sich
einfach nicht in bewegung sie steckt
fest und du findest das leittier nicht

autos tragen ihr licht um die kreuzung
vögel richten die bäume ein
zeitungen verkaufen ihr trübes wissen an die briefkästen
ein zweiter tee aber die karawane kniet immer noch
knöcheltief im sand
dann hörst du deinen sohn nebenan seine federleichten
schritte das öffnen der tür
sein rufen im rohbau des tages

Frank Schmitters Gedichte richten den Blick planvoll auf Alltägliches: die Zubereitung von Abendessen oder einen morgendlichen Schreibversuch. Sie differenzieren diese Situationen in ihre einzelnen Komponenten und machen diese neu erfahrbar, indem sie dafür erstens unverbrauchte, triftigeinleuchtende Metaphern finden und zweitens diese Bilder dann modulieren oder verändern. Wenn etwa die ›Wüstenmühsal des Schreibens‹ am Gedichtende dem ›Rohbau des Tages‹ weicht, liegt der Zauber dieser Wendung unter anderem darin, dass sich Rohbauten insbesondere an einen unserer Sinne wenden, der in der Lyrik sonst kaum vorkommt: Sie können hier das Unverwohnte und Hallende des neuen Tages tatsächlich riechen!

Tapezieren wir ihn nun also mit Ungemütlichem – mit den Lasten von Geschichte und Medialität.

Sabina Lorenz ist die markantest politische Stimme der Gruppe. Der Zyklus, aus dem sie heute liest, ringt mit der Frage, wie die Generation der in den 1960er-Jahren Geborenen ein ethisch angemessenes Verhältnis zur deutschen Katastrophe nach 1933 finden kann. Ansatzpunkt dieser – Narration und Diskursivität integrierenden – Gedichte ist eine Reise nach Polen: Dachau, die Hungerhäuser der Nazis bei Haar, Warschau, aussterbende Zeitzeugen, in Archiven verbunkerte Akten, erfrorene Gesichter an Orten, an denen ›ältere Schichten‹ von uns hausen, durchgeistern diesen Bericht als Schwarzlicht-Pantomime, in der nur das Geweißte oder Neongefärbte sichtbar wird und die uns in einer panmedialen Welt und ihrer Erwartung eines ›nuklearen Winters‹ qualvoll sprachlos zurücklässt: ›Zungen, angenagelt [an] das Herz‹.

Sabina Lorenz

Schwarzlichttheater

Wir übten doch nur. Wir arbeiteten am Vorwort.
Über den atomaren Winter wussten wir schon
mit acht Bescheid und klebten uns die Sonne
ins Fenster, wo sie für den Rest der Zeit blieb.
Dagegen kam kein Wetter an. Nicht wirklich.

Was hätten wir bei Umschwüngen auch tun
können? Endeten sie ohnehin im Untergang.
Damit kannten wir uns aus, *duck and cover*
wenn die Bombe kommt, ein Planspiel, bevor
wir an unserer eigenen Geschichte schrieben.

Mit Fernsehen. Dort erfuhren wir zu wenig, um
zu wissen, was wir wert sind. Suchten wir die
Welt zu retten, glaubten wir nicht daran. Doch
unser Interview mit einer Klasse Amokläufer
kam groß raus, was konnte für uns besser sein.

Alles war normal. Wir wiederholten nur, was
wir verstanden hatten, *The Great Pretender*,
das schon unsere Mütter sangen, den Rest
erledigten wir in der Warteschleife. *The
number you have dialed is not available.*

Dabei war Sommer. Hummelhintern. Hecken-
rosenblühen. Wir sahen den Liebreiz, wie
die *Filifjonka, die an Katastrophen glaubte.*
Wann sprachen wir mit uns selbst? Wann
lernten wir, im Schlafen zu vergessen?

Markus Breidenich

Ich trage Schlafanzüge mit schwarzer Krawatte auf weißem Hemd. Mein Kundenkontakt während der Nachtschicht beschränkt sich auf hoffnungslose Fälle. Über den Dächern berate ich Entschlafende, die ihren Weg suchen. Jede Karriere verläuft anders, sage ich. Früher zum Beispiel, als man noch täglich sein Tablett aus der Kantine über die Regenrinne zurück zur Geschirrausgabe brachte, war es vom Tellerwäscher zum Millionär nur ein Katzensprung aufs andere Haus. Heute ist der Weg vernebelt und in manchen Zeiten kaum zu erkennen. Ich rate zur Vorsicht bei Neumond. In meinem Geschäft entscheiden über Aufstieg und Fall nur die sichere Balance und der beständige Glaube an die eigenen Träume. Jede Form der Selbstverwirklichung, die mit Aufwachen verbunden ist, endet tragisch. Die meisten kehren ins Leben zurück und gründen Familien. Viele von ihnen werden alt und vergesslich, was ihre Zeit über den Giebeln betrifft. Sie leben bescheidene Leben in Dachgeschosswohnungen oder Reihenhäusern und sind, von den Stunden abgesehen, in denen sie Ruhe finden, schlaflos.

Sabina Lorenz

Zeit. Zeugen. Akten.

für Y.

Wenn wir wachen, wissen wir vom Schlaf. Wenn wir
schlafen, wissen wir nichts von unserm Wachen. Wie
sollten die Toten etwas ahnen, von uns, den Lebenden?
Zu Lebzeiten sprachen sie mit ihren Geistern, mit uns
sprachen sie nicht.

Wir schreiben immer dasselbe Gedicht. Damit
die Geschichte beginnen kann, irgendwann.
Wir sammeln Schriften in der Wand, *Warschau,*
Dachau, Namen für die Väter. Die wurden ganz
beiläufig verrückt.

All dieser Staub. Amtlich beglaubigte Rechenschaften,
Beweise, Unterschriften, wochenlange Schlagwort-
suche. Es war April, erinnerst du dich? Wir fuhren
nach Osten. So suchten wir, uns durch die Aneignung
des Fremden vertraut zu werden.

Eine schwierige Übung. Wir froren, als der Wind
in unsere Nacken biss, und wann immer wir fragten,
ernteten wir gefrorene Lächeln. Sie erwarteten
uns. Sie waren freundlich. Sie erzählten uns nichts,
was nicht schon die Akten wussten. Die Akten
erzählten nichts.

Zeit. Zeugen. Akten. Verbunkerte Jahre. Am Himmel Nebenmonde, Lichtbeugung, und wir sehen brütende Engel, gelangweilt, schon bevor wir kamen. Katzensprung zu den Hungerhäusern, Transporten nach Cholm, Post Lublin, nie vergessene Kostenrechnungen, hier: getippte Namen, Heimatort unbek.

Es war April. Wir sprachen nicht. Das Schweigen ergriff unsere Körper und nistete sich dort ein, wir fragten nicht danach. Hinter der Holzverschalung der Mansarde wüteten kleine Tiere. Dies ist ein Bericht.

Sabina Lorenz

Über Orte

Wir wollten nichts über Orte sagen. Orte
wurden zu Konstanten, die es zu meiden
galt. All diese Umwege um Räume, in denen
ältere Schichten von uns hausten, streitbar,
bestritten. Flecken in der Landschaft. Wir
kreisten um sie.
Und haben sie gesucht. Planquadrate, die
beim Betreten verschwanden. Was vor Augen
lag: Geschäftige Unschuld. Streitbar. Nicht
bestreitbar. Sie grüßten mit freundlicher
Gleichgültigkeit. Sie erkannten uns nicht. Orte
haben kein Gedächtnis.
Wir sahen nicht den Ort. Wir blickten durch
Schichten der Zeit. Wir bezweifelten die
Echtheit von Nachbarn und sprachen
mit Gespenstern.

Ruth Wiebusch

ZUFALL

im finsterwerdenden ginster licht
sitzen die kleinen gespenstergesichter
bringen den abfall zum blühn

nächtens, gelöst aus festplatten
diodenlampen synapsenschleifen
schimmern sie im park, dimmen

sie träumen uns
sie wispern, wenn wir sie träumen
und wir verfehlen uns zwischen den räumen

Sabina Lorenz

Hausbauen

Der Stoff, aus dem wir waren, war nicht
von Helden, auch wenn wir es träumten.
Die Stadt, die uns aufnahm, brauchte uns
nicht. Wie fanden wir den Weg, geradewegs
auf die Straße hinaus und Baugruben
umtänzelnd? Zeichen gab es kaum. So
betraten wir den Raum:
Durch schmutzige Fenster brach Licht.
Generationen richteten sich dort ein.
Was an Platz übrig blieb, es klappte
gut. Bucklige Herrenmenschen, Blutgestürm,
all das Verdunkelte, Gemunkelte, Mütterherzen
mittendrin. Hier suchten wir, uns
treu zu sein. Es war viel Liebe im Sommer.
Inbegriffen des Stoffes aus dem wir sind:
Zungen, angenagelt, das Herz.

Armin Steigenberger

FERNBEDINGUNG

das bargeldlose leben: es stockt uns. es
verhakt sich, matt verblichen und karg in uns.
wir leben wüst und ohne zweifel.
leere ist so gesehn gar kein thema.

und dennoch packt uns zwischen den tagen auch
manch quicklebendig sommerlich abgeriss
nes fieber: richtig rot glüht unser
halbwildes leben, verleiht uns zügel.

wir bleiben stets auf drehzahl und kriegen viel
von draußen mit. wir hängen recht dünnwandig
am nominalen online-leben.
fernwärme hegt uns. und faserkabel.

Markus Breidenich

Ich falle nicht auf, wenn ich
mit dem Zeigefinger über den Bluescreen fahre,
der über mir hängt. Habe ich
den Wunsch, ein wenig hinein zu zoomen,
schiebe ich die Luft beiseite
und vergrößere meine Ansicht auf
zweihundert Prozent. An Tagen,
an denen Wolken über das Display ziehen,
setze ich meine Shutterbrille auf und betrachte
die drei Dimensionen des Himmels als Begleiterscheinung
meines Zweiaugenprinzips. Was mich betrifft,
so habe ich das Wetter und sämtliche Phänomene meiner
Umwelt vorausberechnet. Bis auf wenige Stellen
hinter dem Komma werde ich einkaufen und
schlafen gehen. Von einigen Regentropfen, die mich
berühren, werde ich Proben nehmen
und Reagenzgläser füllen, mich fernhalten
von Straßen und Gehwegen, einige Nächte
im Dunklen verbringen, Staubkörner sammeln,
winzige Punkte in meinem Gesicht, die
sich verschieben lassen auf dem Monitor
oder austauschen gegen den Schimmer
einer Straßenlaterne aus dem Hintergrund.

Markus Breidenich projiziert Abläufe unserer Geschäfts- und Alltagswelt in eine Dimension der Traumlogik. Die funkelnde Ironie dieser Prosagedichte entsteht dabei gerade aus der Nüchternheit ihrer sprachlichen Notation, mit der die Fantastik als satirischer Zerrspiegel auf Wohl- und Allzu-Bekanntes bezogen bleibt. Ein ins Surrealistische spielendes Fabulieren, in dem Wirklichkeit und Virtualität osmotisch ineinander schwimmen, wo Übersprungshandlungscoaching für Entschlafende als Dienstleistungsbranche floriert und alles Leben der gefräßigen Technisierung zur Beute fällt – Maschinenschrift und Gepäckbändern am Flughafen. Denn, Buñuel hätte es gewusst, wir alle tragen uni-geplättete Hemden in uns, die wir morgens zur Arbeit nach außen kehren.

Markus Breidenich

Auf einige Nachkommastellen gerundet. Stirnwärts. Bis uns Rechenwerke auch diese Züge nehmen. Wir gehen auf Zehenspitzen über die Fahrbahnmarkierung. Abendstimmen, die uns sagen, dass rot wird. Uns fegen Windjacken über den Vorplatz. Wir werfen Tontauben Worthülsen nach für schwer verständliche Liebesbriefe. Wir sagen, dass uns die Dinge teuer sind, solange sie halten oder gutartig an unsere Herzen wachsen. Auf unseren Einkaufszetteln stehen Klarsichtfolien zum Blick in die Ferne. Die Handschriften ein Fraß für die Zukunft. Was unsere Züge über den Menschen verraten, der mit Federn übers Papier Richtung Süden zieht. Unsere Biografien maschinegeschrieben. Ein erster Schritt über den Mond und wir gehen in irgendeine Geschichte ein, die ein anderer tippt. Also ziehen auch wir in die Nacht. Aus Koffern, die wir aufgeben an den Schaltern unserer Fluglinien und vom Gepäckband zerren, wenn wir glauben, angekommen zu sein. Wir tragen Hemden in uns, die wir morgens zur Arbeit nach außen kehren. Wir richten Kragen unter unseren Köpfen. Binden Krawatten. Nie sind wir die, die wir waren, am anderen Morgen. Aber täglich gehen wir, solange ein Auge sich auftut, aus uns heraus.

Ann-Kathrin Ast

DIESER TEXT IN ERFUNDENER SPRACHE
in der es unmöglich ist zu lügen
du glaubst zu verstehen während du
liest obwohl die wörter nichts sagen
können wer sie spricht erfindet
sie beim sprechen formlinien des
stifts übersetzen sich als auf und ab
springende vokale ins ohr wer sie
hört kennt ihre kalligraphie die abbild
der umgebung ist schauhör wie sich die
buchstaben an ihren säumen auf
spalten und kringeln kringeln!

Augusta Laar

Stromschnellen Occupy
oh, der gefällt-mir-button feat. P. (sisi) *Weibel*

kalt gespielt und/oder hymnisch die
huiiii books sagen (sisi) die
was wie wo schwach *nein* sinn sagen
aka *(nnn)* das himmels (sisi)
geigen bleibt steil das kaum fuß fußt
ballert wild west (sisi)
anarchisch reich zum anderen das da
fehlt das da warum (sisi)
der feine der gleichen nicht pastrami
sandwiches nein (sisi)
(ich bin 12 tage ...) internationale H2
O rausch zustände über (sisi)
dosis pathos sagen weich-die-frauen
funktioniert das scheitern
von (sisi) Liszt von schaum a-moll
das No im ja-wort das bilder (sisi)
kaufen Rihanna taut an ist prinzessin
von China der mädchen fluss
reim fluss (handelt) steht *nein* braut es
rotiert konventionell
raunzt die protestbewegung steht im
nein kreischt (again) für (si si ...)
alle ist platz auf der piazza reift neu
jeden tag die tränen (sisi)
falle die strahlkraft kauft augen und
weiden das ougen (sisi)
geizt substrat destille tekkno offensive
host of ougen spiel

platz off off der *TTIP* gefühle im (...)
heuschober vielleicht glottale
plosive vielleicht Leonardo (sisi) Pippi
transfers und das-genau-
geheime leben rauscht an mehreren
schwere / über aktuelle krank (t) (sisi)
heiten news / reißt aus maß (t) heilt
staubt ein pfirsich alter schneite
einst alleine *als junger hund* punktet-e
als *pferdehoden* (sisisi)

Augusta Laar studierte Musikwissenschaft und Klavier und näherte sich der Dichtung von der Seite der Musik. Sie ist ein Laut-Junkie, eine klangberauschte Spracherfinderin, die sich dem Anbranden von Eindrücken und Worten lustvoll als Medium hingibt. In ihrem Projekt über die Kaiserin Sisi von Österreich sprengt sie deren Weiblichkeitsklischees mit einer subversiven Sprachkaskade und irrwitzigen Oxymora: Praktizieren Sie mal Occupy in Stromstellen!

Ein anderes Gedicht bezieht sich auf ein Kunstwerk im Skulpturenpark des Schweizer Künstlers Daniel Spoerri in der Toskana. Es heißt ›Die letzten Gerichte zwölf berühmter Frauen‹, darunter eben auch Sisi. Und da nun eine solche ›ultima cena‹ unentrinnbar uns alle erwartet, stellt sich nicht nur für die Kaiserin die Frage: Warum arbeiten wir so hart?

Augusta Laar

Imperatrice Sisi
feat. Il Giardino di Daniel Spoerri

Sisi hat ameisen
bewohner & felslecker
feigeneis & löffel
fliegen grillen
musik von Dj Bernardo
& schmuck im
sisi-shop.at

Cleopatra aß den
fisch die schlange die
spindel die gabel
spanish zikada den
2 zack im ristorante
mit cleorecs.com

why are you
working so hard
Imperatrice Sisi

Jürgen Bulla

Torbole

Wie die Kieselsteine fallen
die Kinder ins Wasser.
Es ist September,
und die Schwimmflügel
haben noch Luft. Die Mädchen
mit dem propädeutischen Hüft-
schwung, während die Alten
knöcheltief in den Gewässern
des Spätsommers lungern,
und zwischen den Segeln
warten. Langeweile bewegt die
Pinien, nur eine leichte Brise
von Nord. Der späte Vormittag
über den Hochspannungsmasten
am Hang versorgt uns mit Gerüchten
von Preisabfall und Wetterwechsel,
bis gegen Mittag ein Polizeiboot
die härteren Tage ausruft.

Ist also alles letztlich aussichtslos? Hegt und fesselt uns die Fernwärme von Hochspannungsmasten auch im intensivsten südlichen Erleben mit ihren Gerüchten von Preisstürzen und Wetterwechseln?

Die Lyrik **Armin Steigenbergers** ist ein widerborstig-inständiges Plädoyer für eine Suche nach Wesentlichkeit – gerade inmitten all des Fragwürdigen unserer Zivilisation und ihrer Medienhörigkeit. Die Wirkkraft und auch der Witz dieser Gedichte entspringen oft aus winzigen Rückungen: Die Fernbedienung wird zur ›fernbedingung‹ oder eine Todsünde, eines Buchstabens entkleidet, zu einem Credo der Entschleunigung … Aus solchen erkenntniszündenden Kurzschlüssen – von Kultur, Natur, Technik und Empfindung – keimt je und je ein kleines, unorthodoxes und unordentliches, aber unbezähmbares Dennoch: als Kairos wiedererrungener Authentizität und lyrisches Glück.

Armin Steigenberger

ICH GESTEHE DEN WELTFRIEDEN

in gelbgeblümten wahlwerbespots und
den chefunterhandel schnellen glücks,
gestehe freien willen und feiere
freiere welten und ihre unfassbaren nebel.

ich gestehe den schönsten tag seit vielen jahren,
eine langsame sünde wider den eiligen geist.
ich gestehe zwei linke hände und cordhosen,
behördengänge montagmorgens, deutliche
summen und peanuts, 95 % anfechtung sowie

die übertragung unordentlich grauer
morgensonnen. ich gestehe elfmeterseligkeit
und altmodische hemdmanschetten, discofox
um einen ungeklärten mond. nachts partiell leicht
pejorative psalter, abgetakelte bardamen.

ich beichte touchscreenmonitore, lückenlos
planierte mentalitäten, traumata, ölungen:
hinreißende premiumstunden
dienstagabends samt abwerbung friedlicher
david-hockney-himmel für meine sache.

Ann-Kathrin Ast

UND DER HIMMEL EIN ZERLAUFENES
tintenfass in kobaltblau aus dem weiße
kommas fallen zwischen der nacht kommas
die nicht zeichen sind eher klang
der zertrennt nach oben drängt
für eine sekunde fast
musik

(zu Alighiero e Boetti: *Divini astrazioni*, 1980)

Jürgen Bulla

St. Ives

Das Licht sei
nirgends so intensiv
wie hier, eines
Fremdenführers Worte,
du mit dem Brot
für die Seemöwen,
ich mit dem Hot Dog
die Stufen hinauf,
zur Aussichtsplattform,
die Kraft der Farben
beispiellos, dein
Fuß tut weh, wie
du in der prallen
Sonne die Möwen
fütterst, sehe ich dich
blinzelnd nur als
Umriss, so was gibt
kein Foto, town of
Art, das Malen
habe an dieser
Küste etwas Traum-
wandlerisches, ich
werfe den Hot Dog
auf den Parkplatz
und dann einen Blick
auf die Fotos:
Wie verschwindend
bleich wir sind
vor lauter blauem
Himmel.

Jürgen Bulla

Ligurische Postkarte, Berge, Meer

Wie dieses Dorf im späten Herbst hängt
schwer atmend an dem Bergrücken, der
abzurutschen droht. Die feuchten Fassaden,
ein ausgewaschenes Bahnhofsgebäude,
Nebel kriecht steinerne Stufen hinauf,
und über den Wolken keine Sonne; nur
ein paar Alte, das Kinn auf den Stöcken,
auf der Bank vor der Bucht, blicken der
näher kommenden Brandung beunruhigt
entgegen.

Frank Schmitter

GEGEN ABEND GERIETEN WIR

in einen stau die alpen eine kreidezeichnung am horizont
irgendwann war das letzte auto verstummt
die kleine weiße kirche auf dem hügel
hielt die welt fest die türen öffneten sich
in das leben der anderen die kinder
tauschten spiele proviant wanderte von hand
zu hand aus reisenden wurden siedler
die namen und herkunft tauschten
bis plötzlich ohne sichtbaren grund das vielstimmige
summen der karawane wieder einsetzte
eine endlose kette aus licht uns mitzog
wir wussten längst nicht mehr wohin

Etwas so platt Mechanisches wie ein Stau – warum ihn nicht einmal so sehen? Als Auslöser einer Solidarität und eines Aufgehens in etwas, das unser kleines Ego übersteigt …

Vielleicht macht uns ja eine solche Selbst-Relativierung wieder offener und empfänglich für eine Botschaft der Natur oder eine Utopie der Versöhnung.

Armin Steigenberger

ich bin nur ein KLEINER KONJUNKTIV
im großen buch, kollaterale fußnote,
en passant von vorbeiwehendem

geküsst. ich drücke den like-button, danach
den dislike-button. zeig mir den weg zur nächsten
einkaufspassage: dort gibt es das bare glück.

immer, wenn ich die augen öffne, ist alles
giftgrün geädert. ist das der flow?

keine amseln. am abend füllt frohes
grausen mein herz mit licht, neon, halbfarben.

Karin Fellner

Rauschabstand

Kobalt tritt also aus, Blaufäden treten aus
koboldartig, flink, spannen Krokusse, Quallen
im Sog des Rauchs sind wir Dom
Kalk, Knochen, Fresken voll
Bodenlosigkeiten, Silberfresser, quer
explodierende Salze.

Im Traum, erzählst du, habest du Traum-Schiller zitiert:
»Oh fleuche nicht, du flüchtig schöner Tag!«
Und wie das Bergwerk sich morgens
ganz anders befüllte, befühlte.

Schon lichten sich gnomisch die Wände,
durchlichtert von Störfeuern, wer
flüstert uns Glanz ein und schließt
die Wälder auf des Gewitters,
wer rührt unsre Zünglein um?

Ganz testamentarisch, sagst du,
will ich mein Ohr ausreißen,
um das Signal der Amseln, dieses orange Knacken,
das nackte, einmal ganz anders
in dieser Höhle zu fangen –

Armin Steigenberger

EINER AMSEL HÖRTE ICH LANGE und ihren
genossinnen nachts zu und ich fragte mich
ob sie denn die meine sei also noch wie
damals im mai als ich ein andres mal schon
lauschte in den so ganz anderen jahrn
war ich wohl ein weitaus
ungeübterer amselzuhörer

Andrea Heuser

VERSPRECHEN, ein blauer Vogel
auf eine Kachel gemalt.
Wenn die Kachel zerbricht,
wohin fliegt der Vogel?

Andrea Heuser

Durchdringen

Als uns die Vögel aus den Mündern trieben
mit den Bäuchen nach oben, als seien es Fische
inwendig durchspült von müdem Gewässer, Jahre und
Tage
da waren die Kammern der Seelen leer, das ganze System
der Verteilung
laut Vorhersage an sein Ende gelangt
Und die Schlafenden wurden *hush-a-bye* von ihren
Dämonen hinweggefegt
während den Streunenden die Lösungen all ihrer Rätsel
zufielen
alle Bilder, alle Fragen der Welt auf einmal in den Hirnen
sich entschlüsselten
entcodierten ARROWS
MAKE
ARROWS
Ein raunendes polyphones Ausbluten aller Substanz, die so
allmählich
als hätte sie Zeit, allerorten aus Augen und Ohren lief, ein
universales
mechanisches Pochen schlug laut, lauter ein auf die Masse
der Herzen
war in den Herzen war Herz um Herz war Donner, Vogel
war Mund –

Der Vogel er flieht und flieht
Er kommt an dein Fenster mitunter
Nur um dir seine Flucht zu zeigen
Er schlägt seinen kleinen Trommelwirbel …

»Kininyanka!«
»Kininyanka!«

Hören, wer hört diesen Vogel?

Wer von Ihnen den Vogel gehört hat – hören wird …?

Immerhin als Voraussetzung dafür haben Sie eine Lyrik-Lesung gehört, wie sie die reimfreien Dichterinnen und Dichter morgen – und hoffentlich noch oft und lange – auch unter ganz anderen Umständen geben werden:

Frank Schmitter

DIE LYRIK-LESUNG FAND IM NEBENRAUM DER KLOSTERBIBLIOTHEK STATT

in dem die plüschsessel der dünnbeinige sekretär mit dem
dekorativen tintenfass der feder und dem bogen weißen
büttenpapiers kultivierte einsamkeit atmeten nach der
dreistündigen begrüßung durch die ehrenvorsitzende
des bildungsvereins kämpften die worte hart gegen
die schwerkraft der jahrhunderte stießen gegen die
muskelbepackten bilderrahmen das eisengitter des kamins
pochten an die zinnteller auf der bordüre und sanken
schließlich ermattet in die dutts der zuhörerinnen die längst
ihr hörgerät ausgeschaltet hatten

zurück im hotel das lange zwiegespräch mit der minibar
im nebenzimmer streitet ein paar im geräuschgewitter
des fernsehens eine flasche rollt über den teppich jemand
schließt sich im bad ein rufe schläge an die tür eine art
quieken dann wird der fernseher noch lauter gestellt im
frühstücksraum am nächsten morgen fließen butterstücke
im eismeer wie ertrunkene die brötchen sind aufgewärmt
das obst aus der dose neben mir ein mann mit tief
aufgeknöpftem hemd über drei bäuchen rotfleckig die stirn
er manövriert zwei randvolle teller seine begleitung sitzt am
tisch trägt eine sonnenbrille und eine sonderportion creme
über dem hämatom an der wange

zum bahnhof zu fuß dann drei mal umsteigen um neunzehn
uhr treffpunkt im leseraum der evangelischen bücherstube
über die treppe im hinterhof seien Sie vorsichtig das flurlicht
ist schwach manchmal stehen fahrräder und kinderwagen im
weg Sie werden uns schon finden wir freuen uns sehr

Ann-Kathrin Ast, geboren 1986, lebt in Innsbruck, arbeitet als Autorin, Cellolehrerin und Cellistin. Sie erhielt Arbeitsstipendien u.a. des Förderkreises deutscher Schriftsteller (2010) und des österreichischen Bundeskanzleramts (2016). Veröffentlichungen in Anthologien, zuletzt: »Die Signatur deiner Augen. Junge Lyrik aus Deutschland und der Türkei«, Luxbooks 2015, und »Gegend Entwürfe. Lesebuch für Literatur aus Rheinland-Pfalz«, Luxbooks 2015.

Markus Breidenich, geboren 1972 in Düren, Physiker, arbeitet am Europäischen Patentamt in München. Zuletzt erschienen in der Lyrikedition 2000 die Gedichtbände »Am Milchstraßenrand« (2010) und »Anemonenbesuch« (2015).

Jürgen Bulla, geboren 1975, lebt in München. Einzelbände zuletzt: »Die neuen Nothelfer«, mit Druckradierungen von Christoph Hessel, Black Ink 2011 sowie »Ich sehe noch Tellaro. Landschaften mit und ohne Cara. Gedichte«, Scaneg 2015.

Karin Fellner, geboren 1970 in München, wo sie als Lektorin und Schreibcoach arbeitet. Letzter Preis: Medienpreis beim Lyrikpreis Meran 2012. Jüngste Veröffentlichung: »Ohne Kosmonautenanzug« parasitenpresse, Köln 2015.

Andrea Heuser, geboren 1972 in Köln, lebt heute als Autorin und Literaturwissenschaftlerin in München. Für ihre literarischen Werke wurde sie mehrfach ausgezeichnet, u. a. mit dem Wolfgang-Weyrauch-Förderpreis für Lyrik und der Nominierung zum Deutschen Leserpreis für ihren Roman »Augustas Garten«. Einzelwerke: »vor dem verschwinden. Gedichte«, onomato, Düsseldorf 2008; »Augustas Garten. Roman«, DuMont, Köln 2014.

Augusta Laar, geboren 1955, lebt in München und Wien als Lyrikerin, Künstlerin und Musikerin. 2009 gründete sie die Reihe der Schamrock-Salons der Dichterinnen. Sie leitet das Schamrock-Festival der Dichterinnen in München und Wien (seit 2012) und das Schamrock-Filmfestival *female presence.* Sie ist international in Ausstellungen und auf Festivals vertreten, u. a. auch mit ihrem Electro-acoustic Poetry Duo »Kunst oder Unfall« (mit Kalle Aldis Laar). Einzelveröffentlichungen zuletzt: »99 love poems«, Gedichte und Bleistiftskizzen, Gedok München 2012, »summt dem fall«, Gedichte, edition art science, St. Wolfgang 2016 und »weniger stimmen«, Gedichte und CD *Kunst oder Unfall*) in der edition selene, Wien 2004. www.poeticarts.de, www.schamrock.org

Pia-Elisabeth Leuschner, geboren 1966 in München, promoviert in Komparatistik, arbeitet für die Stiftung Lyrik Kabinett und als freiberufliche Wissenschaftspublizistin.

Sabina Lorenz, geboren 1967, lebt in München. Letzter Preis: Förderpreis des Stuttgarter Schriftstellerhauses 2011. Letzte Veröffentlichungen: »Echos für eine Nacht«, Lyrikedition 2000, München 2010, »Aufhellungen«, Roman, P. Kirchheim Verlag, München 2011, »Wie wir #binden. Wie wir #verschwinden«, Lyrikedition 2000, München 2016.

Frank Schmitter, geboren 1957 in Krefeld, Bibliothekar, tätig im Literaturarchiv der Stadt München. Seit 1999 kontinuierliche Veröffentlichungen von Lyrik und Prosa. 2012 erschien der Lyrikband »Die markisen rollen den nachmittag aus« in der Lyrikedition 2000.

Armin Steigenberger, geboren 1965, lebt in München. Mitherausgeber der Literaturzeitschrift *außer.dem.* Leitung von Literaturseminaren und Schreibwerkstätten. 2008 bis 2012 Teilnehmer der Darmstädter Textwerkstatt bei Kurt Drawert und Martina Weber. Produktion und Moderation der Sendung *poesie[magazin]* bei Radio Lora München 92,4. Letzter Preis: *Stockstädter Literaturwettbewerb* (Spezialpreis) 2015. Letzte Veröffentlichungen: »gebrauchsanweisung für ein vaterland, Gedichte«, POP-Verlag Ludwigsburg 2006; »die fortsetzung des glücks mit anderen mitteln, Gedichte«, Lyrikpapyri, Edition Voss, Horlemann Verlag 2013.

Christel Steigenberger, geboren 1967, Diplom Sozialpädagogin. Langjährige Tätigkeit in verschiedenen Bereichen der Jugendhilfe, seit 2015 bei Wildwasser München. Diverse Veröffentlichungen in Anthologien und Literaturzeitschriften, u. a. *Gegenwind*, *Süddeutsche Zeitung*, *Versnetze_acht*. Seit 1999 Veranstalterin von regelmäßigen Schreibworkshops im Kulturladen Westend. 2010 und 2011 Mitveranstalterin des TEKST-Seminars auf der Burg Klempenow und in München (Referent Kurt Drawert). 2011 Finalistin beim Irseer Pegasus. Seit 2002 Redaktionsmitglied bei der Literaturzeitschrift außer.dem. Einzelveröffentlichung: »Stadtrandstrass«, Verlag Mückenschwein, Stralsund 2010

Ruth Wiebusch, geboren 1977 in Augsburg, arbeitet als Texterin und Redakteurin in München. Germanistik- und Kunstgeschichtsstudium in Würzburg und Wien, Studium am Deutschen Literaturinstitut Leipzig. Veröffentlichungen in Zeitschriften und Anthologien (u. a. »Jahrbuch der Lyrik«, »Das Gedicht«). Stipendium des Deutschen Literaturfonds für das Textwerk-Lyrikseminar des Literaturhauses München, Stipendium der Stiftung Lyrik Kabinett, München für die Autorenwerkstatt Lyrik. Einzelband »welle teilchen licht«, Lyrikedition 2000, München 2007. Online unter www.poetenladen.de.

Inhalt

Konstellation 3:
Ann-Kathrin Ast, Markus Breidenich, Frank Schmitter, Armin und Christel Steigenberger, Ruth Wiebusch

Christel Steigenberger: rituale – anfang
Ruth Wiebusch: grasgeruch im treppenhaus
Armin Steigenberger: glyzinien
Ruth Wiebusch: gärtner sein
Frank Schmitter: was ich mag sind diese
Ann-Kathrin Ast: der mund ist eine insel …
Markus Breidenich: Sag zu den Endlosblättern Du …
Christel Steigenberger: 5 mg ramipril am morgen
Frank Schmitter: sechs uhr tee

Konstellation 4:
Markus Breidenich, Sabina Lorenz, Armin Steigenberger, Ruth Wiebusch

Sabina Lorenz: Schwarzlichttheater
Markus Breidenich: Ich trage Schlafanzüge …
Sabina Lorenz: Zeit. Zeugen. Akten.
Sabina Lorenz: Über Orte
Ruth Wiebusch: zufall
Sabina Lorenz: Hausbauen
Armin Steigenberger: fernbedingung
Markus Breidenich: Ich falle nicht auf, wenn ich …
Markus Breidenich: Auf einige Nachkommastellen gerundet …

Konstellation 5:
Ann-Kathrin Ast, Jürgen Bulla, Augusta Laar, Frank Schmitter, Armin Steigenberger

Ann-Kathrin Ast: dieser Text in erfundener sprache
Augusta Laar: Stromschnellen Occupy
Augusta Laar: Imperatrice Sisi
Jürgen Bulla: Torbole
Armin Steigenberger: ich gestehe den weltfrieden
Ann-Kathrin Ast: und der himmel ein zerlaufenes
Jürgen Bulla: St. Ives
Jürgen Bulla: Ligurische Postkarte, Berge, Meer
Frank Schmitter: Gegen Abend gerieten wir

Konstellation 6:
Karin Fellner, Andrea Heuser, Frank Schmitter, Armin Steigenberger

Armin Steigenberger: kleiner konjunktiv
Karin Fellner: Rauschabstand
Armin Steigenberger: einer amsel hörte ich lange
Andrea Heuser: Versprechen
Andrea Heuser: Durchdringen
Frank Schmitter: die lyrik-lesung

Quellennachweis

Jürgen Bulla
Alle abgedruckten Gedichte aus:
Ich sehe noch Tellaro. Landschaften mit und ohne Cara,
© 2015 Scaneg Verlag, München

Markus Breidenich
Sag zu den Endlosblättern Du ...
Ich trage Schlafanzüge ...
Ich falle nicht auf, wenn ich ...
Auf einige Nachkommastellen gerundet ...
In: Anemonenbesuch, Gedichte. © 2015 Lyrikedition 2000, München

Augusta Laar
Solo Promenade
In: summt dem fall, Gedichte. © 2016 edition art science, St. Wolfgang
Stromschnellen Occupy
Imperatrice Sisi
In: Das Sisi-Projekt. © 2011 Kulturreferat München

Sabina Lorenz
Alle abgedruckten Gedichte aus:
Wie wir #binden. Wie wir #verschwinden,
Lyrikedition 2000, München 2016

Armin Steigenberger
äpfel und wahrheit
glyzinien
fernbedingung
ich gestehe den weltfrieden
kleiner konjunktiv
einer amsel hörte ich lange

In: die fortsetzung des glücks mit anderen mitteln, Gedichte, © 2013 Lyrikpapyri in der Edition Voss, Horlemann Verlag, Berlin

Ruth Wiebusch
lichtung im gegenlicht (hier: *könnte die augen ich öffnen*)
hochzeit
grasgeruch im treppenhaus
zufall
von den schiffen am horizont
In: welle teilchen licht, Gedichte. © 2007 Lyrikedition 2000, München

Weitere Titel aus der Lyrikedition 2000:

Breidenich, Markus
Am Milchstrassenrand
Gedichte
108 S., Paperback, ISBN 978-3-86906-093-4

Breidenich, Markus
Anemonenbesuch
Gedichte
68 S., Paperback, ISBN 978-3-86906-739-1

Breidenich, Markus
Das Pochen der Echolote
Gedichte
84 S., Paperback, ISBN 978-3-86906-025-5

Lorenz, Sabina
Die Fremde ist ein Ort
Gedichte
76 S., Paperback, ISBN 978-3-86520-281-9

Lorenz, Sabina
Echos für eine Nacht
Gedichte
92 S., Paperback, ISBN 978-3-86906-086-6

Schmitter, Frank
die markisen rollen den nachmittag aus
gedichte
76 S., Paperback, ISBN 978-3-86906-465-9

Wiebusch, Ruth
welle teilchen nicht
Gedichte
60 S., Paperback, 978-3-86520-284-0